MÉLANGES

POLITIQUES,

PAR

L'AUTEUR D'UN COUP-D'ŒIL

SUR

LES TRAVAUX DE LA SESSION DE 1832.

PARIS.

JANET ET COTELLE, LIBRAIRES-ÉDITEURS,

rue Saint-Honoré, n. 123, hôtel d'Aligre.

FÉVRIER 1833.

Se trouve aussi :

Chez { DELAUNAY, / Mme GOULLET, } LIBRAIRES, AU PALAIS-ROYAL.

A BRUXELLES,

A LA LIBRAIRIE PARISIENNE, RUE DE LA MADELEINE.

IMPRIMERIE DE E. DUVERGER, RUE DE VERNEUIL, N. 4.

UNE DES CAUSES

DES PERTURBATIONS EN FRANCE.

La société en France est tourmentée d'un malaise qui pourra être encore l'occasion de troubles, et que l'on ne guérira qu'avec le temps, de bonnes lois, et des institutions en harmonie avec nos mœurs et nos besoins.

L'ambition, le désir de faire une fortune brillante et rapide, la soif des honneurs, voilà la cause du mal.

Tant qu'ont duré les guerres de la révolution et de l'empire, les pères de famille, certains de se voir enlever leurs enfans par une conscription *radicale*, et se trouvant dans l'impossibilité de faire des sacrifices énormes pour les arracher au sort qui atteignait toutes les classes, donnaient à leurs enfans une éducation propre à favoriser leur avancement dans l'armée, si la mort ne les moissonnait pas avant le temps.

A l'époque de la restauration, les choses ont dû nécessairement changer; il a fallu donner à l'éducation une direction toute différente.

Chacun a jeté les yeux sur les professions qui jusqu'alors n'avaient été exercées que par les personnes les plus aisées. Les spéculations de toute nature qui avaient procuré de grandes fortunes à ceux qui les avaient entreprises excitèrent toutes les ambitions, et tous se livrèrent à l'espoir de faire en peu de temps une fortune considérable. Personne ne voulait rester dans la classe dont il était sorti; tous les états furent déplacés.

Cette ambition effrénée n'avait d'abord atteint que les habitans des villes; elle s'empara bientôt de ceux des campagnes. Ils rougirent de leurs professions; ils employèrent, pour lancer dans une autre sphère leurs enfans doués de quelque capacité, l'argent dont ils auraient dû faire usage pour leur apprendre à améliorer la culture de laquelle ils tenaient leur aisance, et bientôt les échelons supérieurs de la société furent encombrés.

Cette espèce de frénésie dont nous sommes encore atteints a causé de grands maux et doit en faire de nouveaux. Elle a eu pour résultat d'établir une concurrence excessive dans toutes les professions libérales, de faire augmenter le prix des charges vénales et de les porter à un taux qu'il serait dangereux de dépasser. Elle a empêché la culture de prendre tout l'essor dont elle est susceptible. Elle a en quelque sorte neutralisé les efforts que font quelques hommes généreux pour la placer à la hauteur qui lui convient.

Combien de jeunes gens qui auraient été d'excellens et dignes cultivateurs, des artisans éclairés, sont en ce moment avocats intrigans, hommes d'affaires infidèles, ministres indignes du sacerdoce, vils agioteurs!

Un jeune homme, issu de parens jouissant d'une aisance modeste, mais honnêtement acquise, reconnaît les efforts que fait sa famille pour l'élever au-dessus de sa condition; son amour-propre est flatté : naturellement il est porté à croire que son mérite seul est la raison suffisante des sacrifices qu'ils s'imposent pour pourvoir à son éducation. Plein de la morgue que cette idée lui inspire, il embrasse une carrière qu'il croit facile. Bientôt il est contraint de reconnaître sa faiblesse et l'impossibilité où il se trouve de parvenir par son mérite à la place qu'il s'était marquée avec complaisance. C'est alors que l'intrigue vient lui servir d'auxiliaire; c'est à elle qu'il a recours pour obtenir ce que le talent qu'il s'était supposé ne peut lui procurer. Heureux encore si l'honneur ne repousse pas les moyens qu'il a employés!

La restauration est en grande partie cause de tout ce mal. Elle s'est appesantie sur la France, chargée d'une nuée d'hommes affamés de places et d'honneurs, méprisant tout ce qui travaillait, tout ce qui vivait d'une honnête industrie, regardant avec dédain l'homme estimable dont les travaux forment la base la plus solide de la prospérité de la nation.

Celui qui a reçu de la nature une organisation faible ne peut supporter le mépris de celui que la fortune ou les honneurs lui paraissent avoir placé au-dessus de sa condition; il rougit de son état; il l'abandonne pour suivre une carrière qui lui semble plus honorable et devoir le placer dans une sphère qu'il trouve plus élevée, et il perd dans l'estime de ceux qui pensent sainement tout ce qu'il croit gagner en considération.

La masse effrayante de ces hommes a surgi lors de la révolution de 1830. Quelle guerre ils ont faite aux places de tout genre ! Ministères, préfectures, recettes générales, tout était à leurs tailles; rien ne pouvait arrêter leur ambition que l'impuissance dans laquelle on se trouvait de la satisfaire.

Quels sont les moyens de changer cet ordre de choses, de remédier au mal ?

Pour guérir une plaie aussi funeste, il faut nécessairement du temps; ce n'est qu'à la longue qu'il sera possible d'y parvenir. Peut-être faudra-t-il épuiser une partie de la génération actuelle pour que cette maladie ne laisse plus de traces.

L'éducation primaire est un moyen puissant d'action qu'il faut employer avec le plus de promptitude possible et avec la plus grande persévérance.

Il faut favoriser l'agriculture et les grandes entreprises qui tendent à améliorer le sort de certains départemens où tout est encore en arrière.

Dans un pays où la masse des habitans est illettrée ou à peu près, où il règne une grande ignorance, tout homme qui a reçu une bonne éducation primaire se trouve de suite supérieur à presque tous ceux qui l'entourent; alors, pour peu qu'il ait de vanité, il ne se croit plus fait pour partager les travaux d'hommes ignorans, d'hommes au-dessous de son intelligence; il se regarde comme appelé à des occupations d'un ordre plus élevé, et abandonne l'état auquel les circonstances l'avaient destiné; et il enlève à l'agriculture des connaissances qui auraient pu lui faire faire quelques progrès, et qui sont perdues pour l'état qu'il a embrassé, parce qu'elles ne sont pas assez étendues.

Que l'instruction primaire soit générale, que tous les Français jouissent de ses bienfaits, il y aura égalité pour tous. L'homme dont les facultés intellectuelles sont supérieures à celles de ceux qui l'entourent fera de plus grands efforts pour les surpasser : il cherchera à s'élever plus haut ; et s'il sort de sa sphère, ce sera avec bénéfice pour la société, à laquelle il apportera le tribut de lumières plus solides.

Une fois la nécessité bien établie de l'instruction primaire étendue à toutes les classes de la société, une autre nécessité se fera sentir : celle de l'éducation agricole, pour laquelle nous sommes de beaucoup inférieurs à plusieurs nations voisines.

Le gouvernement, qui comprend parfaitement tout ce que peut, pour le bonheur de la France, le perfectionnement de l'agriculture, doit s'entourer des lumières des hommes généreux dont les efforts constans cherchent à nous arracher à notre pernicieuse routine.

Accorder des secours, des primes à ceux qui font faire des progrès dans cette science ; créer beaucoup d'écoles-modèles sur les points les plus divergens du sol ; y admettre gratuitement le plus grand nombre d'élèves possible ; décerner des prix de toute espèce ; enfin donner l'émulation la plus grande, tels sont les moyens que nous proposons très succinctement, laissant aux hommes spéciaux le soin de donner à nos idées tout le développement dont elles peuvent être susceptibles, et à la sagesse du Gouvernement de régler le mode d'exécution.

CONSEILS A L'OPPOSITION.

Pour gagner les majorités, il faut les étudier et marcher avec elles ; ce n'est pas en créant un système en dehors des idées reçues que l'on peut parvenir à ce but. L'opposition, aujourd'hui, comprend mal la majorité de la nation ; aussi elle perd chaque jour une partie de ses prosélytes, qui vont se ranger sous la bannière du pouvoir. La raison en est simple : la pensée intime du peuple est l'aversion la plus complète pour la branche aînée des Bourbons, et la haine la plus prononcée pour l'étranger qui l'a ramenée deux fois. Ses vœux sont pour l'ordre et la tranquillité au dedans et pour la paix au dehors. Voilà toute sa politique. La liberté, telle que nous l'a donnée la révolution de juillet, lui suffit complètement ; ses théories sont simples ; elles se rapportent en grande partie à ses intérêts matériels.

Les hommes à réformes radicales se font illusion

sur leurs chances de succès; ils se trompent totalement sur l'esprit de la nation; ils se reportent toujours à la révolution de 89; ils font la même faute que les absolutistes; ils ne veulent pas se persuader que le temps et les commotions politiques ont apporté de grands changemens dans les esprits et dans les positions.

En 89, le peuple des campagnes, et c'est celui qui forme l'immense majorité de la nation, vivait dans une espèce d'esclavage; il était attaché à la glèbe, payait la dîme et était grevé de charges immenses qui avaient fini par lui rendre sa position insupportable. Quand est venue la crise politique qui a détruit cet ordre de choses, il s'est jeté avec chaleur dans la réforme; il était prolétaire: un changement ne pouvait que rendre sa position, sinon tout-à-fait bonne, au moins meilleure; il a donc salué la révolution de ses acclamations, il a travaillé de tout son pouvoir à la compléter, et comme il faut qu'il y ait toujours du mal à côté du bien, il s'est livré à de fâcheux excès.

Aujourd'hui sa position est toute différente; le peuple possède, il est propriétaire d'une grande partie des biens de la noblesse et du clergé, il s'est partagé l'héritage du privilége. Ce qu'il possède suffit à ses besoins; le perdre serait pour lui le plus grand des malheurs; il préfère donc le *bien* qu'il a au *mieux* que l'on pourrait lui offrir, et en cela il se montre sage. Quarante années de gloire et de liberté l'ont relevé à ses yeux, lui ont fait comprendre sa force, ses droits et ce qu'il vaut. Il sait apprécier, calculer la portée des choses et des événemens; aussi il a applaudi à la chute de Charles X, parce qu'il entrevoyait qu'avec lui il avait beaucoup plus à perdre qu'à gagner; il sentait renaître le pouvoir du noble et l'influence politique de l'homme d'église; c'était assez pour qu'il s'associât d'une manière efficace à la révolution de juillet, dans laquelle il a entrevu avec sagacité tout ce qu'il allait gagner d'avenir.

Voilà donc la masse sur laquelle vous fondez votre espoir, hommes à théories réformatrices! La voilà plus éclairée, d'ignorante qu'elle était; propriétaire, de prolétaire que l'a trouvée la révolution de 89; la voilà jouissant d'une liberté qui lui suffit, et dont elle ne demande pas l'extension!

Interrogez le peuple sur ses prétentions au gouvernement des affaires publiques, il vous répondra qu'il veut et qu'il doit y rester étranger. Son ambition n'a rien de commun avec la vôtre; il demande à ne pas être troublé dans la possession de son héritage; qu'on lui assure la vente des denrées qui font sa richesse; que l'on favorise l'agriculture qui le fait vivre; que l'on répare les chemins, sans lesquels il ne peut se livrer à son industrie; enfin, que l'on donne à ses enfans une éducation appropriée à leurs besoins : il borne là ses prétentions.

Adressez-vous au peuple *laborieux* des villes, il répondra de même, et il demandera pour le commerce la protection que réclame le peuple des campagnes pour l'agriculture, parce que les intérêts matériels sont toujours les plus forts, ceux qui parlent le plus haut.

Maintenant, sur quels hommes vous appuierez-vous pour soutenir votre système? sur ceux que vous trompez par des argumens spécieux, sur une jeunesse ardente dont vous faussez le jugement et la raison, sur les hommes que le travail effraie et que tente la fortune, sur les ambitieux enfin qui n'ont rien à perdre et qui ont tout à gagner dans les changemens politiques.

Mais sont-ce là des appuis solides? Le gouvernement doit-il s'associer à vous, abonder dans votre sens, marcher à la remorque de vos prétendues sociétés patriotiques, de vos clubs sans-culottes? Non! il ne le peut pas, sous peine de se voir bientôt dépassé, envahi, renversé. Sa marche ne peut donc être la vôtre, car il est responsable vis-à-vis de la nation; elle lui a remis ses pouvoirs, il ne doit en user que comme elle le ferait elle-même, s'il était possible qu'elle manifestât sa volonté autrement que par une adhésion tacite à la conduite du pouvoir.

Que le présent vous serve de leçon pour l'avenir; que la manifestation de l'opinion publique dans les colléges électoraux, dans la chambre des représentans de la nation, ne soit pas perdue pour vous! Ralliez-vous franchement à la majorité, appui du pouvoir que vous combattez avec des armes empoisonnées; alors vous rendrez au pays la tranquillité qu'il réclame avec instance, et vous imposerez plus à l'Europe par votre calme que par les vaines menaces que vous proférez chaque jour contre elle.

CONSEILS AUX TIMIDES.

Le ridicule est une arme terrible que les esprits faibles redoutent plus que toute autre. Que de gens, en effet, ne voyons-nous pas souvent faire plus de frais pour dissimuler un ridicule que pour cacher un vice! Aussi les partis font un usage fréquent de ce moyen pour attaquer les réputations les plus belles, dénigrer les hommes les plus probes, les plus dévoués au bien de leur pays. Le trône même est loin d'être à l'abri de ces épigrammes de halles, de cet esprit de carrefour, de ces sarcasmes indécens que lance journellement la foule des pamphlets qui s'évertuent chaque jour à salir de leurs feuilles fangeuses tout ce qu'il y a de plus élevé, de plus honorable.

C'est encore avec l'arme du ridicule que l'on retient dans les rangs d'une opposition maladroite et embarrassée un grand nombre d'hommes qui redoutent une plaisanterie et qui cachent souvent, par une sorte de respect humain , leurs véritables senti-mens, dans la crainte de passer sous les fourches caudines du ridicule ou de la caricature.

Nous avons été tellement habitués , pendant seize années de restauration , à nous défendre de l'épithète de ministériels , de *ventrus,* qu'aujour-d'hui beaucoup d'entre nous , amis du pouvoir, ennemis de l'anarchie et de la légitimité, cherchent à répudier toute qualification de *juste-milieu,* de ministériel ; s'il en est quelques-uns qui consen-tent à l'accepter, ce n'est pas , toutefois, sans entrer dans des justifications sans fin , et sans se livrer à des commentaires qu'ils devraient s'épar-gner, parce qu'ils sont indignes de l'homme qui ne prend conseil que de sa conscience, et qui doit mépriser de lourdes et basses plaisanteries.

Il est certain que la restauration nous a laissé des souvenirs que le temps n'a pas encore pu effacer ; que la marche du gouvernement était alors telle-ment en opposition avec l'esprit de la nation que l'on ne pouvait sans honte accepter la moindre so-lidarité avec lui ; qu'il y avait, au contraire, honneur à compter dans les rangs de l'opposition, parce que là se trouvaient la France et tous les hommes dis-tingués par leurs talens, leur courage et les services rendus au pays. L'opposition était franche ; elle n'était dictée ni par l'esprit de parti, ni par l'ambi-tion, tandis que le ministériel était vendu au pouvoir, et par conséquent indigne de l'estime des honnêtes gens.

Le *ventru* était le commensal du ministère ou de la préfecture, la tapisserie obligée du salon de toutes les excellences, le courtisan des favoris du jour, recevant ses inspirations de la trésorerie, spéculant sur son vote et sur sa conduite politique, et obtenant ensuite la récompense de sa servilité. Peu soucieux des intérêts du pays, il était disposé à faire bon marché de sa liberté.

Aujourd'hui peut-on raisonner ainsi, et appliquer aux hommes de la révolution de juillet ce qui allait si bien aux familiers de la restauration? La qualification de *juste-milieu* est-elle synonyme de celle de *ventru?* Non.

L'homme du juste-milieu est loin de ressembler à ce portrait; il y a entre lui et le *ventru* de la restauration autant de différence qu'entre certain membre de l'opposition actuelle et les Foy, les Manuel, les Benjamin Constant, les Camisir Périer, dont la France honore la mémoire après avoir approuvé leurs talens et leur patriotisme. L'homme du juste-milieu est celui que la restauration a rencontré sur la brèche chaque fois qu'elle a tenté d'envahir nos libertés; qui, sans conspirer contre un roi qu'il ne pouvait croire parjure, a partagé l'indignation de la nation quand il a vu notre pacte social mis en lambeaux; c'est celui qui a salué de ses acclamations la dynastie nouvelle que la France a placée sur le trône; c'est celui qui, satisfait des garanties que la charte de 1830 nous accorde, demande l'exécution franche des lois, use de la liberté sans licence, attend avec confiance les lois qui doivent faire le complément de nos institutions, combat l'émeute et l'anarchie qu'il déteste, le carlisme dont il méprise la faiblesse, et serait prêt à marcher contre les ennemis du dehors s'ils voulaient lui ravir sa liberté ou porter sur la France un pied téméraire. L'homme du juste-milieu n'est pas ministériel *quand même*, mais il sert de son influence, de sa plume et de son vote le ministère quand il exécute les lois, quand il suit avec conscience la ligne que lui a tracée la constitution, quand il combat les ennemis de notre repos, quand il livre à la sévérité des lois les hommes dont la plume famélique ne se fait plus empoisonnée que pour se tarifer à un plus haut prix.

Voilà le portrait de l'homme du juste-milieu comme nous le comprenons; nous ne voyons pas pourquoi on rougirait d'accepter une telle qualification. Quant à nous, loin de la répudier, nous l'acceptons comme un titre honorable, comme un titre à l'estime de nos concitoyens, et nous bravons les sarcasmes calculés qu'elle pourrait nous attirer de la part de nos ennemis.

Que les hommes qui partagent nos sentimens cessent donc de s'intimider des plats quolibets que lancent à nos amis les pamphlets ridicules ou incendiaires, œuvres des partis; avouons nos opinions sans honte, c'est le meilleur moyen de faire connaître notre force, et d'imposer silence aux factieux de toutes les couleurs.

TAISEZ-VOUS DONC!

Trop parler nuit. C'est un proverbe qui pour être trivial n'en est pas moins vrai ; il reçoit chaque jour son application.

A une époque assez rapprochée, je lisais, à cause de l'intérêt de la question, un journal qui prônait et proclamait député un citoyen honorable que ses amis estiment, mais dont les opinions se trouvent en opposition avec les miennes. Ce candidat avait des chances de succès, des antécédens favorables ; sa fortune, sa capacité lui assuraient un nombre de voix considérable ; il aurait certainement pu l'emporter sur son concurrent ; mais ce journal s'empare de la question, s'érige en patron exclusif de celui qu'il prétend soutenir de toute son influence ; il consacre chaque jour des colonnes entières à établir les titres de son candidat ; il lui prête ses idées, ses opinions, ses pensées et ses

vues; il prouve qu'il y a entre eux solidarité complète. Malheureusement le journal s'emporte, il va
plus loin que les bornes raisonnables de la louange
ne le permettent. Un grand nombre d'électeurs qui
ne partagent pas entièrement les opinions de cette
feuille furent effrayés des éloges qu'elle donnait au
candidat et renoncèrent à voter en sa faveur. Aussi
j'étais toujours tenté de dire au louangeur indis-
cret : *Taisez-vous donc !* vous allez nuire à la cause
que vous prétendez défendre; si vous ne vous taisez
pas, votre candidat succombera. Le résultat ne
tarda pas à me prouver que j'avais raison

J'entre il y a quelque temps dans un salon : la
société était nombreuse ; je me mêle dans un
groupe de politiques; la discussion était animée ;
cela me fit plaisir, j'aime à écouter, on y gagne
toujours quelque chose. La parole était à un jeune
homme ; il s'exprimait avec feu, il développait en
ce moment une théorie républicaine qui me met-
tait en goût de cette espèce de gouvernement ;
j'aimais cette liberté qu'il dépeignait avec de vives
couleurs; cette souveraineté populaire me donnait
des mouvemens d'orgueil; je me voyais prendre
glorieusement place sur ce trône immense où s'as-
seoit toute une nation. Les auditeurs partageaient
l'extase dans laquelle je me trouvais. Mais descen-
dant à l'application de ses théories il ne tarda pas
à nous faire sentir le joug de fer que fait peser
sur une nation cette foule de potentats, qui, peu

satisfaits de leur vain rôle de souverains, cherchent à tout prix à régner sur tous ces fantômes de rois. Ce bel ensemble perdit son charme sous le scalpel de l'analyse. L'auditoire cessa alors d'être attentif; il venait de passer de l'enthousiasme au raisonnement : les illusions étaient détruites. Je bouillais d'impatience, j'étais toujours prêt à lui dire : *Taisez-vous donc! taisez-vous donc!* Mais cela aurait été inutile, car ce groupe si nombreux fut bientôt dissipé, mon orateur resta seul.

Comme aujourd'hui les opinions les plus divergentes se rencontrent partout et les extrêmes se donnent souvent la main, il se trouva dans la même assemblée quelques légitimistes. En voyant dans l'embrasure d'une croisée plusieurs têtes blanchies par l'âge, je pensai que je ne pouvais que profiter à écouter la conversation d'hommes dont les années avaient dû former l'expérience ; j'approchai. Un vieillard, dont la figure commandait le respect, prit la parole. Dès son enfance il avait appris à aimer un roi dont les malheurs et la fin tragique avaient ulcéré son cœur. Après avoir employé tous les moyens qui étaient en son pouvoir pour arracher à la mort, même au péril de sa vie, celui auquel il avait juré fidélité, il avait suivi sur la terre d'exil une famille qu'il ne pouvait plus servir dans son pays. Serviteur fidèle, ses maîtres l'avaient trouvé dans leurs malheurs ; il aurait encore une fois quitté son pays pour eux si son âge et ses infirmités ne l'avaient contraint de rester dans ses foyers. La narration qu'il fit de sa vie, toute de culte pour une famille que tant d'autres trahirent après en avoir été comblés de bienfaits, augmentait encore mon respect pour ce vieillard, bien que nos idées fussent loin d'être en rapport.

J'espérais qu'il allait s'arrêter, mais il reprit bientôt avec un feu qui me surprit; j'entendis sortir de sa bouche un éloge terrible du dévouement de certains hommes qui ont pris la mission de porter le fer et le feu dans nos départemens de l'ouest. Les brigands les plus atroces étaient pour lui des héros dont il gémissait de ne pouvoir suivre les traces. Cet homme glacé par l'âge ne semblait regretter la jeunesse qu'à cause de l'impuissance où il se trouvait de seconder de ses efforts ces héros de la légitimité qui égorgent nos braves soldats et les femmes de nos patriotes qui défendent le trône de juillet aux dépens de leur fortune et de leur existence. Mon indignation était à son comble, j'avais peine à me contenir et à ne pas lui dire : *Taisez-vous donc !* vous détruisez l'illusion, vous perdez l'estime que votre conduite vous avait acquise aux yeux de tous ! Il ne tarda pas à en faire l'expérience; il éprouva bientôt le sort de mon jeune républicain; comme lui il resta seul avec son courage impuissant.

Le lendemain je voulus jouir du plaisir d'entendre à la tribune les orateurs dont je ne connais

l'éloquence que par mon journal, et recevoir direc-
tement l'impression des discours qu'affaiblit la sé-
cheresse de l'extrait. Il s'agissait en ce moment
d'une loi tout-à-fait étrangère à la politique. Un
orateur occupait la tribune où il captivait l'atten-
tion de toute l'assemblée ; force de raisonnement,
puissance de dialectique, élégance de style, tout
concourait à charmer les auditeurs ; des murmures approbateurs interrompaient seuls le discours de l'honorable député. Mais bientôt, déviant
de la ligne dans laquelle il aurait dû se renfermer,
l'orateur se laisse emporter loin de son sujet, il
semble s'attacher à soulever les questions les plus
délicates, à porter les accusations les plus graves ;
le pouvoir devient le but d'attaques de la der-
nière violence ; il va presque jusqu'à oublier le
serment qu'il a prêté en acceptant les fonctions
qui lui permettent d'occuper la tribune ; le trône
est à peine à l'abri de ses diatribes : il s'isole enfin
de tous ses collègues. Je partageais l'indignation
générale, mais je n'aurais pas eu besoin de lui dire :
Taisez-vous donc ! Les murmures et les cris de l'assemblée couvrirent sa voix, il fut bientôt obligé
de descendre de la tribune. Il avait débuté par
de justes applaudissemens, il termina au milieu
des huées encore mieux méritées.

Me rappelant alors les colonnes du journal, la
conversation du jeune républicain, celle du vieux
légitimiste, je ne pus m'empêcher de répéter en
me retirant : *Taisez-vous donc ! trop parler nuit !*

LES CHARIVARIS.

Le goût du charivari semble s'impatroniser parmi nous, il finira par devenir *endémique*. A l'avenir, un écolier sera déshonoré et ne pourra paraître avec distinction parmi ses camarades s'il n'a coopéré à une des sérénades au chaudron et à la poêle. Il est si glorieux de régaler d'une musique infernale les oreilles d'un fonctionnaire recommandable ou d'un citoyen paisible qui a le malheur de ne pas avoir une opinion conforme à celle de tel ou tel politique imberbe, ou de tel membre de club bousingot! Il est si doux de constater un pareil succès dans la tabagie, rendez-vous de la société patriotique, et de recevoir les félicitations de ses frères et amis entre une bouffée de tabac et une gorgée de rhum!

Mais les *charivariseurs* devraient se convaincre qu'ils font pitié aux hommes sensés, que jamais on ne pourra supposer que des citoyens qui se respectent, quelles que soient d'ailleurs leurs opinions, puissent se mêler dans les rangs de ces tapageurs de bas étage, de ces espèces de hibous dont les cris ne se font entendre que la nuit.

Autrefois le charivari était un objet de luxe. Ce n'était que dans les occasions extrêmement graves que l'on avait recours à ce moyen de manifester son mécontentement. On ne l'employait qu'envers des fonctionnaires d'un ordre élevé, serviles ou prévaricateurs. Aujourd'hui il n'en est plus ainsi : il est devenu à la portée de tout le monde, il est de mode, il fait rage.

Mais que les amateurs prennent garde de le prodiguer; ils lui feraient perdre tout son prix, on finirait par ne plus y attacher d'importance. Déjà nous avons remarqué que cette arme, si terrible sous la restauration, a perdu une grande partie de sa puissance; semblable à la barre de fer qui, passant sous le laminoir, perd une grande partie de sa force en s'étendant.

Honte à jamais à ces charivariseurs de village qui prostituent la plus belle des institutions, comme des maladroits qui gâtent tout ce qu'ils touchent. Nous ne cesserons de répéter que si les choses continuent sur un pied semblable les fonctionnaires se blaseront sur le charivari; il tombera en décadence, et arrivera à un point tel que l'homme occupant la plus petite place, le dernier des gardes champêtres, sera blessé dans son amour-propre s'il n'a pas été tympanisé par la musique à la mode. Alors que fera-t-on pour les députés, les préfets, etc.?

Un tel état de choses est effrayant pour les amateurs classiques du charivari; nous les engageons sincèrement à prendre en considération nos réflexions, à veiller à la conservation du feu sacré; ils auraient trop de reproches à se faire si un jour, qui pourrait être prochain, on allait prendre en pitié ce qui avait été jusqu'à présent un objet d'effroi.

LES OVATIONS.

Dans un précédent article nous avons parlé du charivari; l'ovation mérite bien que l'on s'occupe d'elle, et qu'on lui consacre quelques lignes pour la stygmatiser et la réduire à sa juste valeur. Peut-être trouvera-t-on que c'est pousser le rigorisme un peu loin, et qu'il y a une exagération empreinte de rudesse à vouloir faire bannir de nos mœurs une idée qui y est généralement reçue. Oui ; cela serait si, poussés par un élan dicté par l'admiration, les hommes à banquets n'avaient jamais d'autre but que de témoigner à un citoyen qui aurait rendu de grands services à son pays toute la reconnaissance de la nation. Mais, je vous le demande, hommes sensés, hommes qui vous servez de votre raisonnement et non de vos passions, connaissez-vous rien de plus ridicule que ces banquets guindés, à discours d'apparat, à phrases emphatiques, où l'encens est prodigué au héros du jour? Que pensez-vous de ces réponses empreintes de modestie prude, redondantes de protestations de dévouement à la cause, aux intérêts des commettans? Il est facile de deviner le but de ces jongleries; on veut se ménager au besoin les suffrages de ses commettans en flattant leurs idées et leur amour-propre. Tout décèle l'intérêt personnel et l'esprit de parti dans ces réunions où l'on transforme la table en tribune politique.

Avez-vous suivi la marche de certains députés dans leurs tournées départementales? Avez-vous lu les détails des réceptions brillantes qu'ils ont reçues? Avez-vous compté le nombre des convives qui ont assisté aux banquets que leur a offert la *reconnaissance publique?* Franchement, cela ne vous a-t-il pas fait pitié?

Certes, l'amour du bien public n'a pas dicté ces réunions. Ce n'est pas dans une espèce d'orgie que l'on peut entretenir le mandataire des intérêts généraux de la nation, des améliorations à apporter à nos lois civiles et politiques. Non! c'est tout simplement le désir de faire de l'oppostion à tout bout de champ.

Le député consciencieux qui a accepté un mandat sait que son devoir est de le remplir fidèlement. C'est la France qu'il représente, et non des partis qui la subdivisent à l'infini. C'est toujours le pays et ses véritables intérêts qu'il a en vue. S'il a toujours parlé et agi dans le but de se rendre utile à la nation, dont il est une fraction, il ne doit pas courir après ces ovations *de cabaret* qui salissent le caractère dont il est revêtu ; le témoignage de sa conscience doit lui suffire ; s'il a besoin d'autre chose pour être content de lui, qu'il renonce a l'honneur de représenter son pays, il n'en est pas digne.

Toutes ces marques fastueuses de reconnaissance ont un but que l'on ne peut chercher à nier ; elles tendent à entraîner celui qui en est l'objet dans de fausses démarches, à le mettre dans une mauvaise voie, dont il lui devient impossible de sortir ; aussi combien n'avons-nous pas vu d'hommes marquans, après avoir été chefs consciencieux d'une sage opposition, devenir hommes de parti! Lorsque le char se trouve emporté dans une pente rapide, il ne peut plus s'arrêter ; il faut qu'il la parcourre entièrement, et s'il ne s'est pas brisé, ce n'est que par des efforts inouïs qu'il parvient à regagner le sommet.

Admettons pour un instant le succès des hommes qui ont poussé à la révolte des 5 et 6 juin, qu'en serait-il résulté? La minorité de la chambre qui est unie, ou à peu près, pour changer le système du 13 mars, se serait trouvée en dissidence ; des partis tout opposés auraient surgi, et la lutte se serait engagée à l'instant même entre les vainqueurs. Il aurait donc fallu un nouveau triomphe. Que serait alors devenu le pays au milieu d'une collision aussi funeste ? Harcelé, tiraillé dans mille sens, tous les intérêts auraient souffert. Voilà où nous nous serions trouvés entraînés si le bon sens public, le besoin de repos parfaitement senti par la garde nationale, par la troupe de ligne, n'avaient su faire justice des fauteurs d'anarchie et les réduire pour toujours à l'impuissance.

Les partis ne peuvent plus désormais nous inquiéter d'une manière sérieuse ; mais ils ne se regardent pas encore comme vaincus ; ils feront tout pour soutenir leur cause, ils chercheront à créer de nouvelles bannières, à s'appuyer sur des noms marquans. N'ont-ils pas cherché à saisir toutes les occasions même les plus frivoles? Les voyages des députés de l'opposition n'ont-ils pas été de bonnes fortunes que l'on exploitait à chaque relai? Les banquets, les sérénades, rien n'a été négligé pour attirer les hommes dont l'appui était nécessaire. Il semblait que la faveur populaire éclairait la marche des triomphateurs. Ce manége a réussi plus d'une fois, et nous pourrions citer messieurs tels ou tels qui s'y sont laissé prendre. En effet, quelque peu disposé que l'on soit à bien penser de son mérite, est-il possible de ne pas se laisser aller à l'idée que l'on a compris les intérêts des masses, que l'on marche dans le sens de la véritable majorité ?

Que résulte-t-il de tout cela? On entretient les partis dans de folles espérances, on ajoute de nouvelles entraves à la marche du gouvernement; et loin d'ouvrir les yeux sur la fausse voie dans laquelle on s'est engagé, on y persiste, on s'y jette à corps perdu, sans voir que l'on est dupe du parti qui s'élève sur votre renommée bâtarde, et auquel on sert de marche-pied pour arriver jusqu'au trône qu'il veut détruire.

En un mot, flatter celui dont on croit avoir besoin, effrayer celui qui résiste, voilà la tactique des partis; c'est un véritable machiavélisme dont nous rougissons, qui fait honte à la nation qui le souffre, et dont, nous l'espérons bien, le bon sens public ne tardera pas à faire justice d'une manière complète.

FIN.